ÉTUDES

SUR

LA TRAJECTOIRE

QUE DÉCRIVENT LES PROJECTILES OBLONGS

PAR

LE COMTE PAUL DE SAINT-ROBERT

SECONDE PARTIE.

PARIS

LIBRAIRIE MILITAIRE, MARITIME ET POLYTECHNIQUE
DE J. CORRÉARD

LIBRAIRE-ÉDITEUR ET LIBRAIRE COMMISSIONNAIRE
Place Saint-André-des-Arts, 3.

1860

Droit de reproduction réservé.

Imprimerie LACOUR , rue St-Hyacinthe-St-Michel, 33.

ÉTUDES

SUR

LA TRAJECTOIRE

QUE DÉCRIVENT LES PROJECTILES OBLONGS.

Paris. — Imp. de E. Donnaud, rue Cassette, 9.

ÉTUDES

SUR

LA TRAJECTOIRE

QUE DÉCRIVENT LES PROJECTILES OBLONGS

PAR

LE COMTE PAUL DE SAINT-ROBERT

SECONDE PARTIE.

PARIS

LIBRAIRIE MILITAIRE, MARITIME ET POLYTECHNIQUE
DE J. CORRÉARD

LIBRAIRE-ÉDITEUR ET LIBRAIRE COMMISSIONNAIRE
Place Saint-André-des-Arts, 3.

1860

ÉTUDES

SUR

LA TRAJECTOIRE

QUE DÉCRIVENT LES PROJECTILES OBLONGS.

SECONDE PARTIE.

La détermination du mouvement des projectiles oblongs, lancés par les armes à feu rayées, est un problème très-complexe qui pris dans toute sa généralité, présente de grandes difficultés. Dans la première partie de ces études (1) nous avons tâché de le préciser, d'en démêler les éléments les plus essentiels, de le dégager de ce qui ne peut être résolu dans l'état actuel de nos connaissances sur la manière dont l'air agit sur les différents points de la surface du projectile. Ainsi dégagé de toutes les circonstances secondaires, qui ne peuvent avoir qu'une influence assez petite sur le résultat final, le problème devient

---

(1) Voyez le *Journal des Sciences militaires*, n° de mai 1859.

nous ne dirons pas, certes, facile à résoudre, mais du moins attaquable par l'analyse mathématique.

Nous avons fait voir qu'en négligeant le frottement de l'air et l'inégalité des pressions de ce fluide, dus au mouvement de rotation, on pouvait réduire les forces qui agissent sur le projectile à trois forces appliquées à son centre de gravité et à un couple, savoir : 1° le poids du projectile ; 2° la résistance de l'air estimée suivant l'axe de figure du projectile ; 3° la résistance estimée suivant une normale à cet axe ; 4° un couple dû au transport de la résistance de l'air au centre de gravité.

Nous nous sommes occupés du cas où le projectile a la forme d'un cylindre droit et le couple est nul, ou, en d'autres termes, la résistance de l'air passe constamment par le centre de gravité. Il s'agit maintenant de nous occuper du cas général où le couple n'est point nul ; mais avant d'aborder cette question nous allons considérer le cas où, le couple étant toujours nul, l'axe du projectile et la direction de la vitesse initiale du centre de gravité ne sont point dans le même plan vertical. C'est une introduction nécessaire au cas général.

I

Un projectile cylindrique, dont le centre de gravité est au milieu de l'axe, doué d'un mouvement de rotation autour du même axe, étant lancé dans l'air avec une vitesse donnée, dans une direction quelconque, déterminer son mouvement.

Il est d'abord évident que l'axe du projectile se conservera parallèle à lui-même pendant toute la durée du mouvement, et que la rotation autour de cet axe ne recevra aucune altération, car il n'existe aucune cause pour modifier la direction de l'axe et la rotation.

Nous avons vu dans la première partie de ces études que les deux composantes de la résistance de l'air sont :

$$mg \frac{u^2}{k^2} \cos^2 \delta$$

suivant l'axe, et

$$mg \frac{u'^2}{l^2} \sin^2 \delta$$

suivant une normale à l'axe comprise dans le plan de celui-ci et de la direction de la vitesse du centre de gravité ; en désignant par mg le poids du projectile, par u la vitesse du centre de gravité, par k, l deux coefficients numériques donnés, par δ l'angle que forme la direction de la vitesse u avec l'axe du projectile.

Prenons pour origine le centre de gravité du projectile au point de départ; pour axe des x l'axe de figure du projectile dans sa position initiale; pour axe des y une perpendiculaire à l'axe des x comprise dans le plan vertical passant par celui-ci; pour axe des z une perpendiculaire au plan des xy. Les x seront comptées comme positives en allant du centre de gravité vers la partie antérieure du projectile; les y seront comptées comme positives de haut en bas; les z seront comptées comme positives à la gauche de l'observateur placé à l'origine et tourné vers la trajectoire.

Soit ψ l'angle que fait l'axe du projectile avec la verticale, angle compté à partir du zénith, et s'étendant depuis zéro jusqu'à $180°$. D'après ce que nous avons dit ci-dessus, cet angle est constant pendant toute la durée du mouvement. Désignons par ε l'angle que fait avec l'axe des y la projection de la direction de la vitesse u sur le plan des yz. Cet angle sera compté à partir de l'axe des y en allant ver l'axe des z, et pourra s'étendre depuis zéro jusqu'à $360°$.

Les projections de la vitesse u sur les trois axes des x, des y, des z sont :

$$u \cos \delta, \quad u \sin \delta \cos \varepsilon, \quad u \sin \delta \sin \varepsilon.$$

Les projections de la force mg sur les mêmes axes sont :

$$mg \cos \psi, \quad mg \sin \psi, \quad \text{zéro.}$$

Celles de la force

$$mg \frac{u^2}{k^2} \cos^2 \delta$$

sont :

$$mg \frac{u^2}{k^2} \cos^2 \delta, \quad \text{zéro, zéro.}$$

Celles de la force

$$mg \frac{u^2}{l^2} \sin^2 \delta$$

sont :

$$\text{zéro}, \quad mg \frac{u^2}{l^2} \sin^2 \delta \cos \varepsilon, \quad mg \frac{u^2}{l^2} \sin^2 \delta \sin \varepsilon.$$

Les équations du mouvement de translation sur les trois axes des x, des y, des z seront donc :

$$m \frac{d(u \cos \delta)}{dt} = - mg \cos \psi - mg \frac{u^2}{k^2} \cos^2 \delta,$$

$$m \frac{d(u \sin \delta \cos \varepsilon)}{dt} = mg \sin \psi - mg \frac{u^2}{l^2} \sin^2 \delta \cos \varepsilon,$$

$$m \frac{d(u \sin \delta \sin \varepsilon)}{dt} = - mg \frac{u^2}{l^2} \sin^2 \delta \sin \varepsilon.$$

La première de ces trois équations représente le mouvement du projectile qui glisserait sans frottement sur l'axe des x en le touchant toujours par sa génératrice ; les deux autres équations représentent le mouvement du projectile qui glisserait sans frottement sur le plan des yz en le touchant toujours par sa base.

On peut se former une idée nette du mouvement du projectile libre en concevant deux autres projectiles égaux : le premier enfilé suivant son axe de figure sur l'axe des x, auquel on imprime une vitesse initiale égale à la projection sur l'axe des x de la vitesse initiale du projectile libre ; le second assujetti à glisser par sa base plane sur le plan des yz, auquel on imprime une vitesse initiale égale à la projection sur ce plan de la vitesse du projectile libre. Ces deux projectiles assujettis, l'un à glisser sans frottement sur l'axe des x, l'autre à glisser sans frottement sur le plan des yz, seront, pendant toute la durée du mouvement, les projections du projectile lancé librement dans l'air.

Ces deux mouvements des projections du mobile sur l'axe des x et sur le plan des yz, sont indépendants l'un de l'autre ; les formules ordinaires de la balistique des projectiles sphériques leur sont applicables. Nous n'entrerons point ici dans les développements de calcul qu'on peut trouver dans les traités de mécanique rationnelle, et nous donnerons seulement le résultat final.

Le mouvement sur l'axe des x sera déterminé par les équations (1).

$$u \cos \delta = k \sqrt{\cos \psi} \, \tang \left(a - \frac{gt}{k} \sqrt{\cos \psi} \right),$$

$$x = \frac{k^2}{g} \log \frac{\cos \left(a - \frac{gt}{k} \sqrt{\cos \psi} \right)}{\cos a},$$

en désignant par a une constante telle qu'on ait

$$\tang a = \frac{u_0 \cos \delta_0}{k \sqrt{\cos \psi}},$$

u_0 et δ_0 étant les valeurs initiales de u et δ.

Dans le cas de

$$\psi = \frac{\pi}{2},$$

on aurait :

$$u \cos \delta = \frac{v_0}{1 + \frac{g u_0}{k^2} t},$$

$$x = \frac{k^2}{g} \log \left(1 + \frac{g u_0}{k^2} t \right).$$

Dans le cas de

$$\psi > \frac{\pi}{2},$$

on aurait

$$u \cos \delta = k \sqrt{-\cos \psi} \, \tang h \, a \left(a + \frac{gt \sqrt{-\cos \psi}}{k} \right)$$

$$x = \frac{k^2}{g} \log \frac{\cos h \left(a + \frac{gt \sqrt{-\cos \psi}}{k} \right)}{\cos ha},$$

____

(1) Voyez page 28, première partie.

où l'on a fait :

$$\tan ha = \frac{u_0}{k\sqrt{} - \cos \psi}.$$

Nous employons ici la notation qui commence à se généraliser

$$\sin ha = \frac{e^a - e^{-a}}{2}, \quad \cos ha = \frac{e^a + e^{-a}}{2};$$

ce sont ce qu'on appelle le *sinus* et le *cosinus hyperboliques*, liés l'un à l'autre par l'équation.

$$\cos h^2 a - \sin h^2 a = 1.$$

Le mouvement sur le plan des yz sera déterminé par les formules :

$$u \sin \delta = \frac{l\sqrt{\sin}}{\sin \varepsilon \left(\dfrac{l^2 \sin \psi}{u_0^2 \sin^2 \delta_0 \sin^2 \varepsilon_0} + 2 \displaystyle\int_\varepsilon^{\varepsilon_0} \dfrac{d\varepsilon}{\sin^3 \varepsilon} \right)^{\frac{1}{2}}}$$

$$y = \frac{l^2}{g} \int_\varepsilon^{\varepsilon_0} \frac{\cos \varepsilon \, d\varepsilon}{\sin^3 \varepsilon \left(\dfrac{l^2 \sin \psi}{u_0^2 \sin^2 \delta_0 \sin^2 \varepsilon_0} + 2 \displaystyle\int_\varepsilon^{\varepsilon_0} \dfrac{d\varepsilon}{\sin^3 \varepsilon} \right)},$$

$$z = \frac{l^2}{g} \int_\varepsilon^{0} \frac{d\varepsilon}{\sin^2 \varepsilon \left(\dfrac{l^2 \sin \psi}{u_0^2 \sin^2 \delta_0 \sin^4 \varepsilon_0} + 2 \displaystyle\int_\varepsilon^{\varepsilon_0} \dfrac{d\varepsilon}{\sin^3 \varepsilon} \right)},$$

$$t = \frac{l}{g\sqrt{\sin \psi}} \int_\varepsilon^{0} \frac{d\varepsilon}{\sin^3 \varepsilon \left(\dfrac{l^2 \sin \psi}{u_0^2 \sin^2 \delta_0 \sin^2 \varepsilon_0} + 2 \displaystyle\int_\varepsilon^{0} \dfrac{d\varepsilon}{\sin^3 \varepsilon} \right)^{\frac{1}{2}}}.$$

Ces formules nous fournissent la vitesse sur le plan

des yz, les coordonnées y, z et le temps t en fonction de l'inclinaison ε de la tangente à la projection de la trajectoire sur le plan des yz. L'élimination de l'angle ε, après l'intégration, donnerait y et z en fonction de t. La seconde intégration n'est point possible sous forme finie; mais on ne manque pas de méthodes pour calculer numériquement les deux coordonnées du mobile en poussant les approximations aussi loin qu'on veut.

II

Un solide de révolution qui a reçu une très-grande vitesse de rotation autour de son axe de figure, est lancé dans l'air. On propose de déterminer le mouvement.

Avant d'aborder la solution du problème proposé, il sera fort utile d'établir quelques notions préliminaires. Nous puiserons largement dans les admirables écrits de l'illustre Poinsot, qui ont répandu une si vive lumière sur l'obscure question du mouvement de rotation.

Nous représenterons les vitesses de rotation par des droites proportionnelles, les couples par des droites proportionnelles à leurs moments et perpendiculaires à leurs plans. Ces droites ou axes seront dirigés de manière qu'un observateur dont les pieds seraient à l'origine de l'axe, et qui serait appuyé contre celui-ci, verrait la rotation se faire devant lui, de sa droite à sa gauche. On sait que ces droites se composent suivant la loi du parallélogramme, comme si elles représentaient des forces.

Nous disposerons toujours les axes des coordonnées de manière que la rotation de droite à gauche, autour des trois demi-axes des z, des x, des y positives, amène l'axe des x positives vers l'axe des y positives, l'axe des y positives vers l'axe des z positives, l'axe des z positives vers l'axe des x positives.

Ces conventions posées, nous allons considérer le mouvement autour du centre de gravité d'un corps de révolution, ou en général d'un corps quelconque doué de deux moments égaux d'inertie.

Quel que soit le mouvement d'un corps autour d'un point O, si on ne le regarde que durant un instant, il n'est autre chose qu'une simple rotation autour d'un certain axe OI passant par le point O. Cet axe change de position d'un instant à l'autre et prend pour cela le nom d'axe *instantané*. Il décrit dans l'espace une certaine surface conique ayant pour sommet le point O; et dans l'intérieur du corps une autre surface conique de même sommet.

On a une image fidèle du mouvement du corps en concevant que le second cône, considéré comme attaché au corps et l'entraînant avec lui, roule sans glisser sur l'autre cône qui est fixe dans l'espace absolu.

Soit OA l'axe de figure du corps, et A le moment d'inertie autour de cet axe. Nous supposons que tous les moments d'inertie soient égaux entre eux et à B, autour de tous les axes menés par le point O perpendiculairement à l'axe OA. Tous ces autres axes formeront un plan que nous nommerons l'*équateur* du corps.

Soit OG l'axe du couple qui, en agissant pendant l'unité de temps avec la même intensité et la même direction par rapport au corps, aurait produit la rotation dont est animé le corps (1).

____

(1) Ce couple remplace celui que Poinsot appelle *couple d'impulsion* ou *couple qui anime le corps*. De même qu'on n'admet plus, et nous pensons avec raison, dans les Traités de mécanique récents, les *forces instantanées* et les *forces accélératrices*, et que le mot *force* ne sert plus qu'à désigner une *pression* ou une *traction* qui s'évalue en unités de poids; de même, croyons-nous, doit-on bannir les *couples d'impulsion* et les *couples accélérateurs*, et restreindre la signification de couple à l'ensemble de deux pressions ou tractions égales, parallèles et contraires, mais non appliquées au même point. Alors le couple d'impulsion ou de percussion est remplacé par le couple qui, en agissant avec la même direction et intensité pendant l'unité de temps, produit le mouvement dont le corps est animé. De même qu'on a donné le nom d'*accélération* à la quantité $\frac{dv}{dt}$, de même faut-il appeler *accélération angulaire* la quantité $\frac{d\omega}{dt}$ (v vitesse, ω vitesse angulaire, t temps).

Si, à l'instant qu'on considère, le corps était abandonné à lui-même, l'axe instantané OI décrirait dans l'intérieur du corps, un cône droit et circulaire autour de l'axe OA ; et, dans l'espace absolu, un autre cône droit et circulaire autour de l'axe OG qui resterait fixe : et le mouvement du corps serait exactement le même que si le premier cône IOA, considéré comme attaché au corps, roulait uniformément sans glisser sur la surface du cône fixe IOG. Tel est le mouvement que suivrait le corps s'il était libre de toute action étrangère : c'est la rotation *naturelle* d'un corps qui a reçu, par des causes quelconques, une rotation autour d'un axe OI, et qui reste abandonné à sa propre inertie ; et cette rotation simple est à la rotation quelconque d'un corps, ce que le mouvement uniforme d'un point en ligne droite est au mouvement de ce point en ligne courbe.

Mais si le corps, au lieu d'être abandonné à lui-même, est soumis à l'action continuelle d'un couple étranger K, ce couple fera naître, à chaque instant dt, une vitesse de rotation infiniment petite $d\chi$ qui se composera avec la rotation ω du corps et fera varier continuellement l'axe et la grandeur de ω ; de sorte que l'axe instantané OI ne décrira plus le même cône dans l'intérieur du corps, ni le même cône dans l'espace absolu.

Or, dans la question qui nous occupe, nous avons vu dans la première partie que l'axe du couple étranger qui sollicite le projectile et qui provient de la résistance de l'air est constamment perpendiculaire à l'axe de figure OA. Il n'est donc autre chose qu'un des diamètres de l'équateur et, par conséquent, un axe principal du projectile, autour duquel le moment d'inertie est B. Ce couple ne peut donc tendre qu'à faire tourner, à chaque instant, sur son axe OK lui-même, et à produire une certaine accélération angulaire

$$\frac{d\chi}{dt} = \frac{K}{B}.$$

Imaginons maintenant que la vitesse angulaire infiniment petite $d\chi$ vienne, à chaque instant, se composer avec la rotation finie ω que possède le corps, pour en troubler l'axe et la grandeur ; il est visible que dans le parallélogramme construit sur les deux lignes qui représenteraient ces vitesses angulaires ω et $d\chi$, la diagonale ω', qui représentera la vitesse de rotation au bout d'un instant, donnera, si on la projette sur l'axe OA du projectile, une projection

$$\omega' \cos \widehat{I'OA}$$

parfaitement égale à la projection

$$\omega \cos \widehat{IOA}$$

que donne le côté ω de ce parallélogramme.

D'où l'on voit que si par l'accession continuelle du couple K, la rotation du mobile change à chaque instant de grandeur ω et d'inclinaison, ces variations sont telles que le produit

$$\omega \cos \widehat{\mathrm{IOA}}$$

ne varie point.

Ainsi *la rotation du projectile, estimée autour de son axe de figure, demeure constante dans tout le cours du mouvement.*

On doit remarquer que ce théorème ne dépend ni de la loi de la résistance de l'air, ni de la forme de la section méridienne du projectile.

Si l'on suppose qu'à l'origine du mouvement, la rotation initiale ω_0 a lieu exactement autour de l'axe de figure du projectile, ou, autrement dit, si l'on fait abstraction du petit écart qui pourra exister à la bouche de l'arme entre l'axe de figure et l'axe de rotation du projectile, alors la vitesse angulaire de rotation du projectile estimée autour de l'axe de figure, demeurera égale à ω_0 dans tout le cours du mouvement.

La vitesse de rotation ω_0 dont est animé le projectile, en sortant des armes rayées, est très-grande, à cause de la grandeur de la vitesse de projection u_0, à moins que l'inclinaison des hélices ne soit très-faible.

Soit p le pas de l'hélice, ou le pas du dernier élément de l'hélice à la bouche de l'arme, si l'hélice n'a pas une inclinaison constante dans toute la longueur du canon, ou, autrement dit, soit p la longueur de la portion de l'axe du canon, pour laquelle l'hélice à la bouche, prolongée, ferait un tour entier. Au sortir de l'arme, le centre de gravité O du projectile parcourra pendant un temps infiniment court dt une longueur $u_0 dt$ sur l'axe de l'arme; dans le même temps, la fraction d'un tour entier qu'il achèvera, sera donc à la circonférence 2π, comme $u_0 dt$ est à p, ou égal à

$$\frac{2\pi u_0 dt}{p};$$

par conséquent, en divisant par dt, on aura

$$\omega_0 = \frac{2\pi u_0}{p}$$

pour la vitesse angulaire de rotation dont le projectile se trouvera animé en sortant de l'arme et qui aura lieu autour de l'axe de celle-ci que nous supposons coïncider avec l'axe de figure du projectile. D'après cette valeur de ω_0, le projectile fera sur lui-même, dans chaque unité de temps, un nombre de révolutions égal à

$$\frac{u_0}{p},$$

ou, autrement dit, la durée de chaque révolution aura

$$\frac{p}{u_0}$$

pour valeur.

Pour la carabine *Dixon*, on a :

$$u_0 = 377^m, \quad p = 0^m,99.$$

Avec ces données, on trouve pour la vitesse angulaire de rotation

$$\omega_0 = 2392^m,7$$

qui correspond à 381 tours par seconde.

Pour l'obusier de campagne du calibre de 0^n865, on a

$$u_0 = 370^m, \quad p = 2^m,25,$$

donc

$$\omega_0 = 1033^m,2,$$

ou bien 164 tours par seconde.

De ce que la vitesse angulaire autour de l'axe de figure, qui demeure constante dans tout le cours du mouvement, est une très-grande quantité, il s'en suit que l'axe instantané OI, qui coïncidait à l'origine avec l'axe de figure OA, doit s'en écarter constamment très-peu, ou, en d'autres termes, la distance angulaire du pôle I au pôle A est toujours très-petite.

Afin de simplifier le problème proposé, nous supposerons que l'axe instantané OI coïncide constamment avec l'axe de figure OA.

En réalité, quelque grande que puisse être la vitesse angulaire de rotation autour de l'axe de figure, l'axe instantané de rotation OI n'est pas le même que l'axe OA de figure : il décrit autour de celui-ci, dans l'in érieur du corps, un très-petit cône qui roule sans glisser sur le cône qu'il décrit dans l'espace absolu. Mais ces deux axes demeurent toujours très-voisins et peuvent être regardés comme à peu près confondus en un seul, quand il ne s'agit que d'étudier les mouvements de ces axes dans l'espace absolu.

Cette hypothèse posée, voyons l'effet du couple K sur la direction de l'axe de figure du projectile. Pour cela, imaginons qu'à partir du centre de gravité O du projectile, on porte sur son axe de rotation et de figure, qui sont confondus en un seul, une ligne OI qui représente la grandeur de la vitesse angulaire de rotation ω, et sur une perpendiculaire à l'axe OI et à la direction de la vitesse u, une ligne infiniment petite $d\chi$ qui représente la vitesse angulaire engendrée par le couple K dans le temps infiniment petit dt. Si, sur ces deux lignes ω et $d\chi$, on achève le rectangle, il est clair que la diagonale OI' sera la direction de l'axe de rotation au bout de l'instant dt. Or, l'angle

$d\mu$ que cette diagonale OI' fait avec le côté OI est évidemment

$$\frac{\mathrm{II}'}{\mathrm{OI}},$$

et, par conséquent, on a

$$d\mu = \frac{d\gamma}{\omega}$$

pour l'angle dont l'axe de rotation ou de figure du projectile s'incline sur lui-même en un instant dt.

Si l'on projette cet angle sur un plan perpendiculaire à la direction de la vitesse u, et qu'on désigne sa projection par $d\nu$, on aura

$$d\nu = \frac{\mathrm{II}'}{\mathrm{OI}\,\sin\delta} = \frac{d\gamma}{\omega\,\sin\delta},$$

car II' est parallèle à ce plan, et δ est l'angle que fait OI avec la direction de u. C'est l'expression de l'angle infiniment petit que décrit en un instant dt la projection de l'axe du projectile sur le plan normal à la trajectoire. Donc, si l'on considère la vitesse angulaire avec laquelle la projection de l'axe de figure tourne sur le plan normal, ou, si l'on veut, la vitesse angulaire du pôle du projectile autour de la tangente à la trajectoire, on aura pour cette vitesse angulaire

$$\frac{d\nu}{dt} = \frac{1}{\omega\,\sin\delta}\frac{d\gamma}{dt};$$

ou bien, en mettant dans cette expression, au lieu

de $\dfrac{d\chi}{dt}$, sa valeur trouvée précédemment, on aura

$$\frac{d\psi}{dt} = \frac{K}{n\,B\,\omega\,\sin\partial}$$

pour la vitesse angulaire du pôle du projectile autour de la tangente à la trajectoire.

Cette vitesse angulaire étant en raison inverse de la vitesse angulaire de rotation constante ω, il s'ensuit qu'elle est en général très-petite, car celle-ci est dans notre cas très-grande.

Le sens de ce mouvement conique de l'axe de figure du projectile autour de l'élément de la courbe que décrit son centre de gravité, dépend du sens du couple K. Toutes les fois que le couple K tend à *éloigner* l'axe de figure du projectile de la tangente, ou, ce qui revient au même, à *relever* le plan de l'équateur du projectile sur le plan normal à la trajectoire, il est visible que le mouvement angulaire du pôle du projectile autour de la tangente à la trajectoire se fait dans le même sens que la rotation du projectile estimée autour de la même tangente, sens de mouvement qu'on prend pour terme de comparaison, et qu'on appelle le sens *direct*, de sorte que dans ce premier cas, le mouvement de l'axe de figure autour de la tangente est *direct*.

Au contraire, le mouvement est *rétrograde* ou se fait en sens opposé à celui de la rotation ω, toutes les

fois que le couple K tend à *rapprocher* l'axe de figure
du projectile de la tangente à la trajectoire, ou, ce
qui revient au même, à *coucher* l'équateur du projectile sur le plan normal à la trajectoire.

Dans la question qui nous occupe, le sens du
couple K dépend évidemment de la position, par rapport au centre de gravité, du point où la résistance
de l'air vient couper l'axe de figure du projectile.

Pour abréger le discours, nous appellerons doréna-
vant *centre de résistance* le point de l'axe de figure du
projectile par lequel passe la résultante de toutes les
pressions exercées sur la surface du projectile, par l'action de l'air, quelle que soit la position du projectile.

Si le centre de résistance se trouve devant le
centre de gravité, c'est-à-dire plus près de la partie
antérieure que celui-ci, le couple K tendra à éloigner
l'axe du projectile de la tangente, de sorte que le
mouvement conique de l'axe de figure autour de la
tangente sera *direct*.

Si le centre de résistance est derrière le centre de
gravité, c'est-à-dire plus près de la partie postérieure
du projectile que celui-ci, le couple K tendra à rapprocher l'axe de figure du projectile de la tangente à
la trajectoire, de sorte que le mouvement conique sera
rétrograde.

D'après tout ce qui précède, l'idée qu'on doit se

faire du mouvement d'un projectile lancé par une arme rayée est la suivante :

Tandis que le centre de gravité du projectile parcourt la trajectoire, celui-ci tourne uniformément sur son axe de figure, qui reste immobile dans son intérieur et qui tourne lentement dans l'espace autour de la tangente à la trajectoire.

Ce mouvement conique de l'axe du projectile autour de la tangente à la trajectoire que décrit son centre de gravité, est analogue à ce mouvement de l'axe de la terre autour de l'axe de l'écliptique qui fait la *précession des équinoxes.* Notre couple K, provenant de la résistance de l'air, est remplacé, dans le cas de la terre, par un couple provenant de l'attraction du soleil et de la lune sur les différentes parties du sphéroïde terrestre, transportée au centre de gravité de celui-ci ; couple qui tend toujours à coucher l'équateur terrestre sur le plan de l'écliptique. En vertu de ce couple, pendant que la terre tourne en un jour sur son axe de figure, cet axe tourne lui-même en sens contraire autour de l'axe de l'écliptique sur lequel il est incliné de 23° 27′ environ, et avec une vitesse angulaire telle qu'il accomplit une révolution dans un temps de 25 à 26 mille ans.

Il ne faudrait pourtant point pousser trop loin cette comparaison entre le mouvement conique de l'axe du

projectile et le mouvement conique de l'axe de la
terre qui produit la précession des équinoxes, car
dans celui-ci, le mouvement est uniforme et l'ouverture du cône décrit se conserve constante et égale à
47° à peu près, tandis que dans celui-là le mouvement est variable et l'ouverture du cône change sans
cesse.

Le mouvement conique de l'axe de figure du projectile nous explique la cause des déviations perma-
nentes observées dans le tir des armes à feu rayées.

Il est d'abord clair qu'à cause de la rotation de
l'axe de figure du projectile autour de la tangente à
la trajectoire, le projectile vient se présenter de tra-
vers à l'action de l'air, et doit, par conséquent, être
dévié de côté.

Dans le cas ordinaire des armes rayées, la rotation
a lieu de droite à gauche autour de l'axe du projectile
dirigé vers la partie antérieure (selon les conventions
posées plus haut).

Alors, si le centre de résistance est placé devant le
centre de gravité, l'axe commencera par s'incliner vers
la droite de la trajectoire, de telle sorte que le projectile se présentera de flanc à la résistance de l'air,
et sera par suite dévié à droite. Si, au contraire, le
centre de résistance est placé derrière le centre de
gravité, l'axe s'inclinera au commencement vers la

gauche, et la déviation aura lieu à gauche. Il est inutile d'ajouter que la déviation serait nulle, si le centre de résistance tombait sur le centre de gravité.

Dans le cas de la rotation de gauche à droite autour de l'axe dirigé vers la partie antérieure du projectile, ou, ce qui revient au même, de la rotation de droite à gauche autour de l'axe dirigé vers la partie postérieure, la déviation sera à gauche ou à droite, suivant que le centre de résistance tombera devant ou derrière le centre de gravité.

On doit observer, au reste, qu'après une demi-révolution de l'axe du projectile autour de la tangente à la trajectoire, la pointe du projectile passera de l'autre côté de la trajectoire, et par là la déviation changera de direction ; mais la durée du trajet du projectile est ordinairement trop courte pour que cet effet se produise, car le mouvement conique de l'axe est très-lent.

La déviation permanente observée dans le tir des armes à feu rayées a reçu en France le nom de *dérivation*.

On a cru, au commencement, voir la cause de ce phénomène dans le frottement de l'air condensé sur la partie inférieure du projectile ; mais cette explication, quoique assez plausible au premier abord, ne supporte pas un examen approfondi. Dans la note A nous avons essayé de la réfuter à l'aide de l'examen des résultats d'expériences de tir.

M. Magnus, savant physicien de Berlin, a eu le premier l'idée heureuse de chercher la cause de ce phénomène dans le mouvement latéral de l'axe de figure du projectile, mouvement produit par la résistance de l'air appliquée à un point autre que le centre de gravité. A l'aide d'ingénieux appareils, il a reproduit non-seulement la dérivation des projectiles oblongs, mais encore les déviations dues au mouvement de rotation des projectiles sphériques qu'on faisait dépendre aussi du frottement de l'air condensé.

Après ces irrécusables expériences, publiées en 1852, on ne saurait hésiter à abandonner désormais l'ancienne explication qui attribuait tous ces phénomènes au frottement de l'air.

On pourrait se demander comment il se fait que la dérivation observée dans la pratique ait toujours lieu à droite de l'observateur placé derrière la pièce, quoiqu'on cherche, en général, à porter le centre de gravité des projectiles aussi près de la pointe qu'il est possible. Pour nous expliquer la constance du sens de la dérivation, il faut remarquer qu'à cause de la forme conique ou ovoïde de la partie antérieure du projectile et de la forme cylindrique du corps, il arrive qu'au commencement du mouvement, lorsque l'angle que forme l'axe de figure du projectile avec l'élément de la trajectoire du centre de gravité est encore très-petit, le centre de résistance du projectile entier est fort près du centre de résistance de la partie conique ou ovoïde. En effet, comme on peut le voir dans la note B, la résistance normale à l'axe de figure sur la partie cylindrique est proportionnelle à

$$\sin^2 \delta,$$

tandis que celle sur la partie conique ou ovoïde, pour des angles δ très-petits, est proportionnelle à

$$\sin \delta \cos \delta;$$

de telle sorte que ces deux résistances normales peuvent être représentées par

$$m \sin^2 \delta \quad \text{et} \quad n \sin \delta \cos \delta,$$

où m et n dépendent des dimensions du projectile. La première est appliquée au milieu de la partie cylindrique, la seconde au centre de résistance de la partie antérieure. Si l'on désigne par a la distance entre ces deux centres de résistance, on aura pour la distance du centre de résistance de la partie conique ou ovoïde au centre de résistance du projectile entier l'expression

$$\frac{a \tan \delta}{\tan \delta + \dfrac{n}{m}}.$$

On voit par là que tant que δ est petit, cette distance est très-petite.

Il s'ensuit qu'à moins de faire coïncider le centre de gravité du projectile avec le centre de résistance de la partie antérieure, ou de le porter en avant de ce point, il arrivera toujours qu'au commencement du mouvement, le centre de résistance du projectile entier tombera devant le centre de gravité, et par conséquent, que la dérivation commencera à se faire vers la droite.

A mesure que l'inclinaison de l'axe de figure sur la tangente à la trajectoire augmentera, le centre de résistance se rapprochera du centre de gravité, il pourra même l'atteindre et passer de l'autre côté, pour certaines formes de projectiles : alors la dérivation pourra changer de sens. Mais il paraît qu'avec les formes ordinaires qu'on donne aux projectiles, cet effet ne se produit pas, ou, s'il se produit, il n'a pas le temps de compenser la dérivation qui a déjà eu lieu à droite.

L'image que nous avons donnée du mouvement du projectile, va nous permettre de calculer par points sa trajectoire, c'est-à-dire, de déterminer, à chaque instant, la position de son centre de gravité ainsi que la direction de son axe de figure.

Pendant un temps très-court on peut supposer que

l'axe du projectile se conserve paralllèle à lui-même, et n'avoir égard, pendant ce temps très-court, qu'au mouvement de translation. On supposera ensuite qu'au bout de ce temps, l'axe du projectile tourne instantanément, autour de la tangente à la trajectoire, de la quantité angulaire relative à ce temps. En procédant de cette manière de proche en proche, à partir de l'origine. on aura, dans chaque point de sa course, la position du centre de gravité et la direction de l'axe du projectile.

Soit O' la position du centre de gravité du projectile au bout du temps t ; $O'x'$ la position de l'axe de figure. Concevons par cet axe un plan vertical et dans ce plan une perpendiculaire $O'y'$ à l'axe de figure, qui soit dirigée de haut en bas. Tirons un axe $O'z'$ horizontal et dirigé vers la gauche de la trajectoire.

Soit φ l'angle que fait l'axe $O'x'$ avec la verticale ; θ l'angle que fait l'axe $O'z'$ avec l'axe fixe Oz. Ces trois axes des coordonnées $O'x',$ $O'y'$, $O'z'$, qui ne sont qu'instantanés, seront complétement définis, par rapport aux axes fixes Ox, Oy, Oz, au moyen des angles φ et θ.

Nous désignerons par δ l'angle que fait la direction de la vitesse u du centre de gravité avec l'axe $O'x'$, et ε l'angle que sa projection sur le plan des $y'z'$ fait avec l'axe $O'y'$.

Cela étant, si nous supposons que pendant le temps très-court Δt, le couple K n'agisse point, les formules données au § 1er nous fourniront les accroissements

$$\Delta\,(u\cos\vartheta),\quad \Delta\,(u\sin\vartheta)$$

des projections de la vitesse sur l'axe de figure et sur le plan de l'équateur, ainsi que les accroissements

$$\Delta\,\vartheta,\quad \Delta\,\varepsilon$$

des angles ϑ et ε, et les valeurs de

$$\Delta\,x',\quad \Delta\,y',\quad \Delta\,z'.$$

En projetant celles-ci sur les axes fixes des coordonnées, on aura les accroissements

$$\Delta\,x,\quad \Delta\,y,\quad \Delta\,z$$

des coordonnées de la trajectoire par rapport aux axes fixes.

Si nous désignons par α, α', α'' les cosinus des angles que forme $O'x'$ avec les axes fixes Ox, Oy, Oz ; par β, β', β'' les cosinus des angles que forme $O'y'$ avec les axes fixes ; par γ, γ', γ'' les cosinus des angles que forme $O'z'$, nous aurons

$$\Delta x = \alpha\,\Delta x' + \beta\,\Delta y' + \gamma\,\Delta z',$$
$$\Delta y = \alpha'\,\Delta x' + \beta'\,\Delta y' + \gamma'\,\Delta z',$$
$$\Delta z = \alpha''\,\Delta x' + \beta''\,\Delta y' + \gamma''\,\Delta z'.$$

On sait d'ailleurs par les formules connues

d'Euler pour la transformation des coordonnées,
que

$$\alpha = \cos\theta \sin\psi \sin\varphi + \cos\psi \cos\varphi,$$
$$\beta = \cos\theta \sin\psi \cos\varphi - \cos\psi \sin\varphi,$$
$$\gamma = \sin\theta \sin\psi,$$
$$\alpha' = \cos\theta \cos\psi \sin\varphi - \sin\psi \cos\varphi,$$
$$\beta' = \cos\theta \cos\psi \cos\varphi + \sin\psi \sin\varphi,$$
$$\gamma' = \sin\theta \cos\psi,$$
$$\alpha'' = -\sin\theta \sin\varphi,$$
$$\beta'' = -\sin\theta \cos\varphi,$$
$$\gamma'' = \cos\theta.$$

Avant de calculer l'élément suivant de la trajectoire, il faudra incliner instantanément l'axe de figure de la quantité due à l'action du couple K pendant le temps Δt. Concevons qu'après ce mouvement on mène de la même manière qu'auparavant trois nouveaux axes $O''x''$, $O''y''$, $O''z''$. Pour trouver les variations que subissent les angles ε, φ, θ en passant des axes $O'x'$, $O'y'$, $O'z'$, aux axes $O''x''$, $O''y''$, $O''z''$, décomposons la vitesse de rotation

$$\frac{d\psi}{dt},$$

autour de la tangente à la trajectoire, en trois autres vitesses de rotation autour des axes $O'x'$, $O'z'$ et de la verticale ; il est clair que la première sera égale à

$$\frac{d\varepsilon}{dt},$$

la seconde à

$$\frac{d\varphi}{dt},$$

et la troisième à

$$\frac{d\theta}{dt}.$$

Pour exécuter cette décomposition, commençons par projeter

$$\frac{d\nu}{dt}$$

sur les trois axes orthogonaux $O'x'$, $O'y'$, $O'z'$; ensuite, décomposons la projection sur $O'y'$ en deux composantes suivant $O'x'$ et la verticale.

Nous aurons ainsi

$$\frac{d\varepsilon}{dt} = \frac{d\nu}{dt}\cos\vartheta + \frac{d\nu}{dt}\sin\vartheta\cos\varepsilon\cot\varphi,$$

$$\frac{d\varphi}{dt} = \frac{d\nu}{dt}\sin\vartheta\sin\varepsilon,$$

$$\frac{d\theta}{dt} = \frac{d\nu}{dt}\sin\vartheta\cos\varepsilon\cos\text{éc}\,\varphi.$$

En ayant égard à la valeur de

$$\frac{d\nu}{dt},$$

il vient

$$\Delta\varepsilon = \frac{\mathrm{K}}{\mathrm{B}\omega}\left(\cot\vartheta + \cos\varepsilon\cot\varphi\right)\Delta t,$$

$$\Delta\varphi = \frac{\mathrm{K}}{\mathrm{B}\omega}\sin\varepsilon . \Delta t,$$

$$\Delta\theta = \frac{\mathrm{K}}{\mathrm{B}\omega}\cos\varepsilon\cos\text{éc}\,\varphi . \Delta t.$$

A l'aide de ces expressions, après y avoir remplacé K par sa valeur en fonction de δ, on aura les nouvelles valeurs de ε, φ, θ pour calculer un second élément de la trajectoire par le moyen des formules du § 1er. Et ainsi de suite.

On pourrait, au moyen des mêmes idées, écrire les équations différentielles du mouvement du projectile qui seraient au nombre de six, dont trois pour le mouvement de translation et trois pour celui de rotation ; mais, comme on ne saurait espérer de les intégrer en termes finis, le plus sûr moyen de calculer la trajectoire est de la partager en un assez grand nombre de portions et d'en calculer chacune à part ; car alors on n'aura qu'à rassembler les calculs de toutes ces portions. C'est, du reste, ce qu'on est obligé de faire, lorsqu'on veut calculer la trajectoire que décrivent les projectiles sphériques.

Ce calcul par parties fera connaître, à un instant quelconque, la position du projectile dans l'espace, au moyen des trois coordonnées rectilignes x. y, z, de son centre de gravité, et des deux coordonnées angulaires de son pôle, savoir la *hauteur* $90° - \varphi$ et l'*azimut* θ.

Il importe de remarquer que ce calcul de la trajectoire par parties s'applique aux projectiles de l'artillerie, quelle que soit leur forme, aussi bien qu'au

projectile cylindrique que nous avons considéré pour
simplifier la question. En effet, nous avons vu que la
résistance éprouvée par le cylindre de la part de l'air
étant transportée au centre de gravité, donne nais-
sance aux deux forces

$$mg\,\frac{u^2}{k^2}\cos^2\delta, \quad mg\,\frac{u^2}{l^2}\sin^2\delta$$

dirigées, l'une suivant l'axe de figure, l'autre suivant
une perpendiculaire à celui-ci ; et au couple

$$mg\,\mathrm{D}\,\frac{u^2}{l^2}\sin^2\delta.$$

Or, dans le cas d'un projectile dont la proue est
conique ou ovoïde, ces forces et ce couple seront re-
présentés par des fonctions de δ d'une autre forme.
Le couple pourra même changer de signe pour certaines valeurs de l'angle δ. De sorte que si l'on veut
conserver à ces fonctions la forme qu'elles ont dans
le cas du cylindre, il faudra regarder les quantités k,
l, D, comme des variables qui seraient des fonctions
de δ

Mais il sera toujours permis de regarder, pour
un temps très-court, ces dernières quantités comme
des constantes, et de les faire varier seulement en passant d'un élément de la trajectoire à un autre.

La même méthode s'applique pareillement au cas

où l'on voudrait employer une autre loi de la résistance en fonction de la vitesse que celle ordinaire due à Newton ; il suffirait pour cela de faire varier suivant la vitesse, d'un élément de la trajectoire à l'autre, les coefficients k, l, D.

On pourrait ainsi calculer la trajectoire par parties, quelles que soient la forme de la section méridienne du projectile et la loi de la résistance en fonction de la vitesse.

Nous gardons pour une autre partie de ces études le calcul numérique d'un exemple particulier de trajectoire.

Note A.

RÉFUTATION DE LA THÉORIE QUI FAIT DÉPENDRE LA DÉRIVATION DU FROTTEMENT DE L'AIR.

Le tir du canon de 16 centimètres, rayé au pas de 3^m77, a donné les résultats suivants :

	Secondes.				
Durée du trajet du projectile	4	8	12	20	24

	Mètres.				
Dérivation à droite du plan de tir	6,31	28,81	64,07	145,22	223,38

En examinant ces nombres on ne tarde point à

s'apercevoir que les dérivations sont à peu près proportionnelles aux carrés des durées du trajet. Cette relation approximative entre les dérivations et les durées a été signalée dès les premiers temps qu'on a remarqué le phénomène de la dérivation dans le tir des armes à feu carabinées.

Il en résulte que la force qui produit la dérivation, qu'on peut appeler *force dérivatrice*, a approximativement une valeur constante, quelle qu'en soit l'origine.

En divisant les dérivations ci-dessus par les carrés des temps correspondants, on obtient les nombres suivants :

Rapport de la dérivation
au carré du temps . . 0,39   0,45   0,44   0,36   0,39

dont la moyenne est

$$0,41.$$

En désignant par z la dérivation, par t le temps, nous avons donc, dans notre exemple,

$$\frac{z}{t^2} = 0,41.$$

Si l'on admet que depuis l'instant du départ du projectile jusqu'à celui où la dérivation produite est z, la force dérivatrice F ait été constante, on aura :

$$F = 2m\,\frac{z}{t^2},$$

m étant la masse du projectile.

Avec le canon de 16 centimètres rayé, nous avons

$$mg = 30^k.$$

donc

$$F = \frac{60}{g} \cdot \frac{z}{t^2} = (6,119)\, \frac{z}{t^3}.$$

En remplaçant $\frac{z}{t^2}$ par sa valeur trouvée ci-dessus, il vient

$$F = 2^k,48$$

pour la valeur de la force constante qui produit la dérivation.

D'après l'explication qu'on donne ordinairement de la cause de la dérivation, cette force F proviendrait du frottement de l'air contre la partie inférieure du projectile, et serait appliquée perpendiculairement à la génératrice inférieure du projectile.

Si la force F est engendrée par le frottement de l'air, comme elle est à peu près constante, il faudra que la vitesse angulaire de rotation du projectile soit aussi à peu près constante, car on sait que le frottement d'un fluide contre un solide est proportionnel à la vitesse relative de ces deux corps.

On pourrait ne pas avoir une confiance entière dans cette loi du frottement d'un fluide contre un solide; mais il est hors de doute que ce frottement croît avec la vitesse, de telle sorte que la force F ne peut être constante, si la vitesse angulaire de rotation n'est pas constante aussi.

Or, la vitesse angulaire de rotation ne peut pas être constante, car la force F appliquée à la périphérie du projectile, doit forcément la diminuer.

Soit ω la vitesse angulaire de rotation, 2R le calibre du projectile, A son moment d'inertie par rapport à l'axe de rotation, on a

$$\frac{d\omega}{dt} = -\frac{RF}{A},$$

d'où l'on tire

$$\omega = \omega_0 - \frac{RF}{A}\,t,$$

ω_0 étant la vitesse angulaire initiale.

Si n est le nombre des tours faits par le projectile en une seconde, on a

$$\omega = 2\pi n;$$

donc

$$n = n_0 - \frac{RF}{2\pi A}\,t.$$

Supposons que le projectile soit cylindrique, on aura le moment d'inertie,

$$A = \frac{1}{2}mR^2;$$

donc

$$n = n_0 - \frac{F}{\pi m R}\,t.$$

Nous avons, dans l'exemple qui nous occupe,

$$F = 2^k,48, \quad m = \frac{30^k}{g}, \quad 2R = 0^m,16.$$

En substituant ces valeurs numériques dans la formule précédente, il vient

$$n = n_0 - (3,225)\, t.$$

Si nous supposons la vitesse initiale du projectile de 310 mètres par seconde, les hélices du canon faisant un tour entier sur une longueur de $3^m\,77$, il s'ensuit que le projectile, en sortant du canon, fait sur lui-même, en une seconde, un nombre de révolutions

$$n_0 = \frac{310}{3,77} = 82.$$

En substituant cette valeur dans l'expression de n, on obtient

$$n = 82 - (3,225)\, t.$$

Pour

$$t = 24'',$$

on aura

$$n = 5.$$

C'est-à-dire la vitesse de rotation serait réduite à 5 tours par seconde après $24''$, temps qui correspond à la portée de 5,000 mètres.

On voit par là de combien serait diminuée la vitesse de rotation par le frottement de l'air, s'il avait la valeur qu'on doit lui supposer pour lui faire produire la dérivation.

Puisque la vitesse de rotation diminue sans cesse il faut que le frottement diminue aussi, de sorte que la force dérivatrice ne peut pas se conserver constante.

Les mêmes personnes qui attribuent au frottement de l'air la dérivation, admettent que la vitesse de rotation des projectiles ne diminue que fort lentement dans tout le cours du mouvement; mais elles ne réfléchissent pas que pour produire les dérivations notables qu'on observe, il faut une force d'une certaine grandeur, qui, appliquée tangentiellement au projectile, ne peut qu'en ralentir considérablement la vitesse de rotation.

Le résultat des considérations que nous venons d'exposer est qu'il faut chercher ailleurs que dans le frottement de l'air la cause de la dérivation.

Note B.

RÉSISTANCE OBLIQUE DE L'AIR SUR UNE SURFACE DE RÉVOLUTION.

Déterminer la résistance de l'air sur une surface de révolution qui est animée d'un mouvement de translation suivant une direction quelconque.

Nous admettrons, d'après l'hypothèse ordinaire, que la résistance éprouvée par chaque élément d'une surface, est proportionnelle au produit de l'aire de cet élément par le carré de la composante normale de la vitesse.

Soient $d\sigma$ l'aire de l'élément de la surface, ι l'angle compris entre la normale extérieure à la surface et la direction de la vitesse. La résistance exercée sur l'élément $d\sigma$ est proportionnelle au carré de la vitesse multiplié par

$$d\sigma \cos^2 \iota.$$

L'équation

$$\cos \iota = 0,$$

jointe à celle de la surface, détermine une courbe qui divisera cette surface en deux parties telles que la valeur de $\cos \iota$ sera positive pour tous les points de l'une et négative pour ceux de l'autre. La première sera la partie antérieure du corps, sur laquelle s'exerce la résistance, la seconde sera la partie postérieure qui n'éprouve point de résistance.

Cette courbe de séparation entre la partie antérieure et la partie postérieure est, en d'autres termes, la ligne de contact de la surface courbe avec un cylindre circonscrit dont les arêtes sont parallèles à la direction de la vitesse du mobile.

Pour déterminer la résistance sur un solide de révolution quelconque dont tous les points décrivent des droites parallèles, faisant avec l'axe de figure l'angle δ, prenons pour axe des x l'axe même de figure, pour plan des xy, un plan parallèle à la direction de la vitesse.

Nous regarderons chaque point de la surface de révolution comme défini par sa latitude λ, égale à l'angle que forme la normale à ce point avec le plan des yz qui sera *l'équateur*, et par sa longitude L, égale à l'angle dièdre que fait le plan méridien qui le contient avec le plan des xy.

Nous prendrons pour élément de la surface de révolution l'aire élémentaire comprise entre deux méridiens infiniment voisins, et les arcs qu'ils interceptent sur deux parallèles infiniment voisins. L'aire élémentaire ainsi définie a pour expression :

$$d\sigma = \rho y\, d\lambda\, dL,$$

ρ étant le rayon de courbure, y l'ordonnée correspondante à l'abscisse x de la courbe méridienne; par suite la résistance normale sur chaque élément sera proportionnelle au carré de la vitesse multiplié par

$$\rho y \cos^2 \lambda\, d\lambda\, dL.$$

Décomposons cette résistance normale en trois forces parallèles aux trois axes des coordonnées. A cause de la symétrie de la surface de révolution, par rapport au plan des xy, il est évident qu'à chaque composante parallèle à l'axe des x située d'un côté du plan des xy, il correspond une autre composante égale, située à égale distance de l'autre côté du même plan. Il en est de même pour les composantes parallèles aux axes des y et des z. Par conséquent toutes les composantes parallèles aux axes des x et des y auront leurs résultantes comprises dans le plan des xy; tandis que les composantes parallèles à l'axe des z se détruiront deux à deux. Nous n'aurons donc point à considérer celles-ci, et quant aux autres, pour en faire la somme, il suffira d'ajouter ensemble celles qui sont d'un côté du plan des xy et de doubler le résultat.

La normale faisant avec les axes des x et des y les angles dont les cosinus sont :

$$\sin \lambda \quad \text{et} \quad \cos \lambda \cos L,$$

on aura

$$\rho y \cos^2 \iota \sin \lambda \, d\lambda \, dL$$

pour la composante suivant l'axe des x, et

$$\rho y \cos^2 \iota \cos \lambda \cos L \, d\lambda \, dL$$

pour la composante suivant l'axe des y.

Si l'on transporte toutes ces composantes parallèlement à elles-mêmes à l'origine, il en provient d'abord deux forces rectangulaires

$$X = -2 \iint \rho y \cos^2 \iota \sin \lambda \, d\lambda \, dL,$$
$$Y = -2 \iint \rho y \cos^2 \iota \cos \lambda \cos L \, d\lambda \, dL,$$

appliquées à l'origine suivant les axes des x et des y,

qu'on a affectées du signe négatif, parce qu'elles agissent en sens contraire des axes respectifs ; ensuite, un couple autour de l'axe des z dont le moment est exprimé par

$$K = 2 \int\!\!\int \rho y \, (y \sin \lambda - x \cos \lambda) \cos^2 \iota \cos \mathrm{L} \, d\lambda \, d\mathrm{L}.$$

Inutile de dire que, pour avoir la résistance de l'air effective ainsi que le couple qui en provient, il faudra multiplier ces résultats par le carré de la vitesse, par la densité de l'air et par un coefficient numérique donné.

Le point où la direction de la résultante totale des forces X, Y et du couple K, coupe l'axe des x, sera donné par

$$x = \frac{\mathrm{K}}{\mathrm{Y}}.$$

C'est le point que nous avons nommé *centre de résistance*.

Les intégrales précédentes ne doivent s'étendre qu'à la partie antérieure de la surface, où l'on a

$$\iota < \frac{\pi}{2},$$

et dont le contour est déterminé sur cette surface, par l'équation

$$\cos \iota = 0.$$

Pour trouver $\cos \iota$, observons que les angles que

fait la direction de la vitesse avec les axes x, des y, des z sont respectivement

$$\delta, \quad \frac{\pi}{2} - \delta, \quad \frac{\pi}{2},$$

et que les cosinus des angles formés par la normale avec les mêmes axes sont

$$\sin \lambda, \quad \cos \lambda \cos L, \quad \cos \lambda \sin L.$$

On aura donc, d'après une formule connue de géométrie, pour le cosinus de l'angle formé par la direction de la vitesse avec la normale,

$$\cos \iota = \cos \delta \sin \lambda + \sin \delta \cos \lambda \cos L.$$

L'équation

$$\cos \delta \sin \lambda + \sin \delta \cos \lambda \cos L = 0$$

donne la relation qui existe entre la latitude et la longitude des points de la courbe qui sépare la partie antérieure de la partie postérieure.

Si l'on fait dans cette équation

$$L = \pi,$$

on aura, pour déterminer la latitude du point où la courbe ci-dessus traverse le plan des xy,

$$\cos \delta \sin \lambda - \sin \delta \cos \lambda = 0,$$

d'où

$$\lambda = \delta,$$

comme on devait s'y attendre, car c'est le point à l'élément du méridien contenu dans le plan des xy est parallèle à la direction de la vitesse.

Pour tous les points du méridien dont la latitude λ est moindre que δ, il faudra prendre les intégrales depuis $L = 0$ jusqu'à une valeur de L en fonction de λ, donnée par l'équation

$$\cos \delta \sin \lambda + \sin \delta \cos \lambda \cos L = 0,$$

c'est-à-dire jusqu'à

$$L = \pi - \varphi,$$

en désignant par φ un angle tel que

$$\cos \varphi = \cot \delta \, \tang \lambda.$$

Ensuite, pour tous les points du méridien où la latitude λ est égale ou supérieure à δ, prendre les intégrales depuis $L = 0$ jusqu'à $L = \pi$, car, pour toutes ces valeurs de $\lambda \gtreqqless \delta$, les parallèles de la surface de révolution sont en totalité compris dans la partie antérieure qui éprouve seule la résistance.

D'après cela, en désignant par λ_0, λ_1 les latitudes des extrémités de l'arc de courbe dont la révolution engendre la surface qu'on considère, nous aurons dans le cas où $\delta \lesseqqgtr \lambda_0 < \lambda_1$.

$$X = -2 \int_{\lambda_0}^{\lambda_1} \rho\, y \sin \lambda \, d\lambda \int_0^\pi \cos^2 \iota \, dL,$$

$$Y = -2 \int_{\lambda_0}^{\lambda_1} \rho\, y \cos \lambda \, d\lambda \int_0^\pi \cos^3 \iota \cos L \, dL,$$

$$K = 2 \int_{\lambda_0}^{\lambda_1} \rho\, y \,(y \sin \lambda - x \cos \iota)\, d\lambda \int_0^\pi \cos^3 \iota \cos L \, dL;$$

dans le cas où $\delta > \lambda_{\scriptscriptstyle 1} > \lambda_{\scriptscriptstyle 0}$.

$$X = - 2 \int_{\lambda_0}^{\lambda_1} \rho y \sin \lambda \, d\lambda \int_0^{\pi - \varphi} \cos^2 \iota \, dL,$$

$$Y = - 2 \int_{\lambda_0}^{\lambda_1} \rho y \cos \lambda \, d\lambda \int_0^{\pi - \varphi} \cos^2 \iota \cos L \, dL,$$

$$K = 2 \int_{\lambda_0}^{\lambda_1} \rho y \, (y \sin \lambda - x \cos \lambda) \, d\lambda \int_0^{\pi - \varphi} \cos^2 \iota \cos L L \, d;$$

enfin dans le cas où $\lambda_{\scriptscriptstyle 0} < \delta < \lambda_{\scriptscriptstyle 1}$

$$X = - 2 \int_{\delta}^{\lambda_1} \rho y \sin \lambda \, d\lambda \int_0^{\pi} \cos^2 \iota \, dL$$
$$- 2 \int_{\lambda_0}^{\delta} \rho y \sin \lambda \, d\lambda \int_0^{\pi - \varphi} \cos^2 \iota \, dL,$$

$$Y = - 2 \int_{\delta}^{\lambda_1} \rho y \cos \lambda \, d\lambda \int_0^{\pi} \cos^2 \iota \cos L \, dL$$
$$- 2 \int_{\lambda_0}^{\delta} \rho y \cos \lambda \, d\lambda \int_0^{\pi - \varphi} \cos^2 \iota \cos L \, dL,$$

$$K = 2 \int_{\delta}^{\lambda_1} \rho y \, (y \sin \lambda - x \cos \lambda) \, d\lambda \int_0^{\pi} \cos^2 \iota \cos L \, dL$$
$$+ 2 \int_{\lambda}^{\delta} \rho y \, (y \sin \lambda - x \cos \lambda) \, d\lambda \int_0^{\pi - \varphi} \cos^2 \iota \cos L \, dL,$$

en désignant par φ un angle tel que

$$\cos \varphi = \cot \delta \, \tan \lambda.$$

Afin de faciliter les intégrations, il sera bien

d'introduire au lieu de la latitude λ, l'angle φ déterminé par cette dernière équation. On tire de celle-ci

$$\sin\lambda = \frac{\operatorname{tang}\delta\cos\varphi}{\sqrt{1+\operatorname{tang}^2\delta\cos^2\varphi}},$$

$$\cos\lambda = \frac{1}{\sqrt{1+\operatorname{tang}^2\delta\cos^2\varphi}}.$$

En substituant ces valeurs dans l'expression de $\cos\iota$, on obtient

$$\cos^2\iota = \frac{\sin^2\delta\,(\cos\varphi+\cos L)^2}{1+\operatorname{tang}^2\delta\cos^2\varphi}.$$

Nous aurons donc

$$\int_0^\pi \cos^2\iota\,dL = \frac{\pi}{2}\sin^2\delta\left(\frac{1+2\cos^2\varphi}{1+\operatorname{tang}^2\delta\cos^2\varphi}\right),$$

$$\int_0^{\pi-\varphi}\cos\iota\,dL = \frac{1}{2}\sin^2\delta\left[\frac{(\pi-\varphi)(1+2\cos^2\varphi)+3\sin\varphi\cos\varphi}{1+\operatorname{tang}^2\delta\cos^2\varphi}\right],$$

$$\int_0^\pi \cos^2\iota\cos L\,dL = \sin^2\delta\left(\frac{\cos\varphi}{1+\operatorname{tang}^2\delta\cos^2\varphi}\right),$$

$$\int_0^{\pi-\varphi}\cos^2\iota\cos L\,dL = \frac{1}{3}\sin^2\delta\left[\frac{3(\pi-\varphi)\cos\varphi+(2+\cos^2\varphi)\sin\varphi}{1+\operatorname{tang}^2\delta\cos^2\varphi}\right].$$

Si l'on substitue ces valeurs dans les expressions de X, Y, K, après y avoir unis pour λ sa valeur en fonction de φ, eu égard à laquelle on a

$$d\lambda = -\frac{\tang \partial \sin \varphi \, d\varphi}{1 + \tang^2 \partial \cos^2 \varphi},$$

et si l'on pose, pour abréger,

$$f(\varphi) = \int \rho y \frac{\sin \varphi \cos \varphi \, d\varphi}{(1 + \tang^2 \partial \cos^2 \varphi)^{\frac{5}{2}}},$$

$$f_1(\varphi) = \int \rho y \frac{(1 + 2\cos^2 \varphi) \sin \varphi \cos \varphi \, d\varphi}{(1 + \tang^2 \partial \cos^2 \varphi)^{\frac{5}{2}}},$$

$$f_2(\varphi) = 3 \int \rho y \frac{\sin^2 \varphi \cos^2 \varphi \, d\varphi}{(1 + \tang^2 \partial \cos^2 \varphi)^{\frac{3}{2}}},$$

$$f_3(\varphi) = \tfrac{1}{3} \int \rho y \frac{(2 + \cos^2 \varphi) \sin^2 \varphi \, d\varphi}{(1 + \tang^2 \partial \cos^2 \varphi)^{\frac{3}{2}}},$$

$$f_4(\varphi) = \int \rho y (x - y \tang \partial \cos \varphi) \frac{\sin \varphi \cos \varphi \, d\varphi}{(1 + \tang^2 \partial \cos^2 \varphi)^{\frac{5}{2}}},$$

$$f_5(\varphi) = \tfrac{1}{3} \int \rho y (x - y \tang \partial \cos \varphi) \frac{(2 + \cos^2 \varphi) \sin^2 \varphi \, d\varphi}{(1 + \tang^2 \partial \cos^2 \varphi)^{\frac{5}{2}}},$$

il vient, dans le cas où $\partial \lesseqgtr \lambda_0 < \lambda_1$

$$X = \pi \frac{\sin^4 \partial}{\cos^2 \partial} [f_1(\varphi_1) - f_1(\varphi_0)],$$

$$Y = 2\pi \frac{\sin^3 \partial}{\cos \partial} [f(\varphi_1) - f(\varphi_0)],$$

$$K = 2\pi \frac{\sin^2 \partial}{\cos \partial} [f_4(\varphi_1) - f_4(\varphi_0)];$$

dans le cas où $\delta > \lambda_1 > \lambda_0$,

$$X = \frac{\sin^4 \delta}{\cos^2 \delta} \left[(\pi - \varphi_1) f_1(\varphi_1) - (\pi - \varphi_0) f_1(\varphi_0) \right.$$

$$\left. + \int_{\varphi_0}^{\varphi_1} f_1(\varphi)\, d\varphi + f_2(\varphi_1) - f_2(\varphi_0) \right],$$

$$Y = 2 \frac{\sin^3 \delta}{\cos \delta} \left[(\pi - \varphi_1) f(\varphi_1) - (\pi - \varphi_0) f(\varphi_0) \right.$$

$$\left. + \int_{\varphi_0}^{\varphi_1} f(\varphi)\, d\varphi + f_3(\varphi_1) - f_3(\varphi_0) \right],$$

$$K = 2 \frac{\sin^3 \delta}{\cos \delta} \left[(\pi - \varphi_1) f_4(\varphi_1) - (\pi - \varphi_0) f_4(\varphi_0) \right.$$

$$\left. + \int_{\varphi_0}^{\varphi_1} f_4(\varphi)\, d\varphi + f_5(\varphi_1) - f_5(\varphi_0) \right];$$

dans le cas où $\lambda_0 < \delta < \lambda_1$,

$$X = \frac{\sin^4 \delta}{\cos^2 \delta} \left[\pi f_1(\varphi_1) - (\pi - \varphi_0) f_1(\varphi_0) \right.$$

$$\left. - \int_0^{\varphi_0} f_1(\varphi)\, d\varphi - f_2(\varphi_0) + f_2(0) \right],$$

$$Y = 2 \frac{\sin^3 \delta}{\cos \delta} \left[\pi f(\varphi_1) - (\pi - \varphi_0) f(\varphi_0) \right.$$

$$\left. - \int_0^{\varphi_0} f(\varphi)\, d\varphi - f_3(\varphi_0) + f_3(0) \right],$$

$$K = 2 \frac{\sin^3 \delta}{\cos \delta} \left[f_4(\varphi_1) - (\pi - \varphi_0) f_4(\varphi_0) \right.$$

$$\left. - \int_0^{\varphi_0} f_4(\varphi)\, d\varphi - f_5(\varphi_0) + f_5(0) \right];$$

φ_0 et φ_1 étant deux angles tels que

$$\cos \varphi_0 = \cot \delta \, \tang \lambda_0,$$
$$\cos \varphi_1 = \cot \delta \, \tang \lambda_1.$$

Les valeurs de f, f_1, f_2, f_3, f_4, f_5 s'obtiendront, dans chaque cas particulier, en substituant au lieu de ρ, x, y leurs valeurs en fonction de φ, d'après la nature de la courbe méridienne.

Applications.

Le profil des projectiles oblongs est ordinairement composé de lignes droites et d'arcs de cercle. C'est pourquoi nous allons nous occuper de la surface de révolution engendrée par une ligne droite et de celle engendrée par un arc de cercle. La première comprend comme cas particulier le cylindre et le plan ; la seconde la sphère.

Surface conique. La courbe génératrice étant une ligne droite, l'angle λ que forme la normale avec l'axe des y est constant et égal à la moitié de l'angle au sommet du cône.

Le rayon de courbure ρ est infini ; mais l'intégrale $\int \rho \, d\lambda$ a une valeur finie, égale à la longueur de la génératrice du cône. Pour adapter les formules précédentes au cas du cône, observons qu'on a en général

$$\rho \, d\lambda = ds,$$
$$ds \cos \lambda = dx,$$
$$ds \sin \lambda = - dy;$$

nous avons donné le signe — à dy, parce que nous supposons la forme de la courbe génératrice, par rapport aux axes, telle que y croisse en sens inverse de ds.

Nous aurons donc

$$\int \rho y \sin \lambda\, d\lambda = \int - y\, dy,$$
$$\int \rho y \cos \lambda\, d\lambda = \int y\, dx,$$
$$\int \rho y^2 \sin \lambda\, d\lambda = \int - y^2\, dy,$$
$$\int \rho yx \cos \lambda\, d\lambda = \int yx\, dx.$$

Dans le cas d'un tronc de cône dont le rayon de la grande base est R, le rayon de la petite base r, la hauteur h, nous aurons :

$$\int_{\lambda_0}^{\lambda_1} \rho y \sin \lambda\, d\lambda = \int_r^R y\, dy = \frac{R^2 - r^2}{2},$$

$$\int_{\lambda_0}^{\lambda_1} \rho y \cos \lambda\, d\lambda = \int_{x_0}^{x} = y\, dx \frac{h(R + r)}{2},$$

$$\int_{\lambda_0}^{\lambda_1} \rho y^2 \sin \lambda\, d\lambda = \int_r^R y^2\, dy = \frac{R^3 - r^3}{3},$$

$$\int_{\lambda_0}^{\lambda_1} \rho xy \cos \lambda\, d\lambda = \int_{x_0}^{x_1} xy\, dx = \frac{h^2(R + 2r)}{6}.$$

De plus on a φ constant et tel que

$$\cos \varphi = \left(\frac{R - r}{h} \right) \cot \delta.$$

En introduisant ces valeurs dans les formules, on obtient pour le cas où $\delta \leqq \lambda$

$$X = -\frac{\pi}{2}\frac{r^2}{h^2+(\mathrm{R}-r)^2}[h^2\sin^2\delta + 2(\mathrm{R}-r)^2\cos^2\delta],$$

$$Y = -\pi\frac{h^2(\mathrm{R}^2-r^2)}{h^2+(\mathrm{R}-r)^2}\sin\delta\cos\delta,$$

$$K = \frac{\pi}{3}\frac{h(\mathrm{R}-r)[2(\mathrm{R}^3-r^3)-h^2(\mathrm{R}+2r)]}{h^2+(\mathrm{R}-r)^2}\sin\delta\cos\delta.$$

Lorsque $\delta = 0$ ces expressions se réduisent à

$$X = -\pi\frac{(\mathrm{R}^2-r^2)(\mathrm{R}-r)^2}{h^2+(\mathrm{R}-r)^2},$$
$$Y = 0,$$
$$K = 0;$$

c'est le cas d'un tronc de cône qui se meut dans le sens de son axe. Il faut remarquer que c'est la résistance sur la surface convexe seulement, et que si l'on voulait avoir la résistance totale on devrait y ajouter celle exercée sur la petite base.

Lorsque $h = 0$, c'est-à-dire lorsque la surface conique se réduit à un plan perpendiculaire à l'axe de figure, on a

$$X = -\pi(\mathrm{R}^2-r^2)\cos^2\delta,$$
$$Y = 0,$$
$$K = 0,$$

comme on devait s'y attendre.

Pour le cas où $\partial > \lambda$, on obtient

$$X = -\frac{1}{2} \cdot \frac{R^2 - r^2}{h^2 + (R - r)^2} \left[(\pi - \varphi)(h^2 \sin^2 \partial \right.$$

$$+ 2(R - r)^2 \cos^2 \partial) + 3h(R - r) \sin \partial \cos \partial \sin \varphi \left.\right],$$

$$Y = -\frac{1}{3} \cdot \frac{h(R + r)}{h^2 + (R - r)^2} \left[3h(R - r)(\pi - \varphi) \sin \partial \cos \partial \right.$$

$$+ (2h^2 \sin^2 \partial + (R - r)^2 \cos^2 \partial) \sin \varphi \left.\right],$$

$$K = \frac{1}{9} \cdot \frac{2(R^3 - r^3) - h^2(R + 2r)}{h^2 + (R - r)^2} \left[3h(R - r)(\pi - \varphi) \sin \partial \cos \partial \right.$$

$$+ (2h^2 \sin^2 \partial + (R - r)^2 \cos^2 \partial) \sin \varphi \left.\right],$$

où

$$\varphi = \arccos \left(\frac{R - r}{h} \cot \partial \right),$$

$$\sin \varphi = \sqrt{1 - \left(\frac{R - r}{h} \right)^2 \cot^2 \partial}.$$

La distance du centre de résistance à l'origine, c'est-à-dire à la grande base du tronc de cône, sera dans les deux cas

$$\frac{K}{Y} = \frac{h^2(R + 2r) - 2(R^3 - r^3)}{3h(R + r)}.$$

On aurait pu trouver directement ce résultat, en partant de la considération que la résultante totale doit être perpendiculaire à la génératrice du cône et passer par le centre de gravité du trapèze formé par deux génératrices consécutives.

Si l'on fait

$$\delta = \frac{\pi}{2},$$

et par suite

$$\varphi = \frac{\pi}{2},$$

on a, pour l'expression de la résistance sur un cône qui se meut perpendiculairement à son axe,

$$X = -\frac{\pi}{4} \cdot \frac{h^3 (R^2 - r^2)}{h^2 + (R - r)^3},$$

$$Y = -\frac{2}{3} \cdot \frac{h^3 (R + r)}{h^3 + (R - r)^3},$$

$$K = \frac{2h^3}{9} \cdot \frac{2(R^3 - r^3) - h^3(R + 2r)}{h^3 + (R - r)^2}.$$

Si $R = r$, le cône devient un cylindre, et l'on a, dans ce cas,

$$\varphi = ?\frac{\pi}{2},$$

$$X = 0,$$

$$Y = -\frac{4}{3} h R \sin^3 \delta,$$

$$K = -\frac{2}{3} h^2 R \sin^3 \delta,$$

$$\frac{K}{Y} = \frac{1}{2} h.$$

Par conséquent la résistance sur la convexité d'un cylindre est les deux tiers de celle sur sa section rectangulaire, et le centre de résistance est au milieu de l'axe.

Il importe de remarquer que la résistance estimée suivant la normale à l'axe de figure est, pour le cy·lindre, proportionnelle à

$$\sin^2 \delta,$$

tandis que, pour le cône tronqué dont la génératrice fait avec l'axe un angle supérieur à δ, elle est proportionnelle à

$$\sin \delta \cos \delta.$$

Le rapport de celle-ci à celle-là est donc proportionnelle à

$$\cot \delta,$$

c'est-à-dire à une quantité fort grande toutes les fois que δ est très-petit.

Il résulte de là que le centre de résistance d'un cylindre surmonté d'un tronc de cône, est fort près du centre de résistance du tronc de cône, tant que la direction du mouvement de translation fait un petit angle avec l'axe de figure.

La même influence prépondérante de la partie an·térieure amincie du projectile sur la position du centre de résistance subsiste, quelle que puisse être la forme de cette partie amincie, car cette partie courbe peut toujours être remplacée par un nombre infini de troncs de cône à hauteur infinitésimale.

On voit donc qu'en vertu de la forme acuminée
des projectiles oblongs, le centre de résistance du
projectile entier tombe fort près du centre de résistance de la partie acuminée, au commencement
du mouvement, c'est-à dire quand l'axe de figure fait avec la tangente à la trajectoire un angle
petit.

Surface engendrée par la révolution d'un arc de cercle.

Le rayon de courbure est ici constant. Nous prendrons pour axe des y la perpendiculaire abaissée du
centre de l'arc sur l'axe de figure.

Si l'on désigne par b la longueur de cette perpendiculaire, on aura

$$x = \rho \sin \lambda,$$
$$y = \rho \cos \lambda - b,$$

ou bien en introduisant l'angle $\varphi,$

$$x = \rho \cdot \frac{\tang \delta \cos \varphi}{\sqrt{1 + \tang^2 \delta \cos^2 \varphi}},$$

$$y = \rho \cdot \frac{1}{\sqrt{1 + \tang^2 \delta \cos^2 \varphi}} - b.$$

En substituant ces valeurs dans les fonctions f, f_1,

f_2, f_3, f_4, f_5, en effectuant les intégrations, et supposant

$$\lambda_0 = 0,$$

on trouvera, après toutes les réductions, pour les valeurs de l'angle δ comprises entre zéro et λ_1,

$$X = \frac{\pi}{4}\rho^2\left[(1 + \cos^2 \delta)\cos^4 \lambda_1 + 4\cos^2 \delta \sin^2 \lambda_1 \cos^2 \lambda_1\right]$$

$$- \frac{\pi}{3} b\rho\left[(1 + 3\cos^2 \delta)\cos^3 \lambda_1 + 6\cos^2 \delta \sin^2 \lambda_1 \cos \lambda_1\right]$$

$$- \frac{\pi}{8}\rho^2(1 + \cos \delta)^2 + \frac{\pi}{6} b\rho(1 + 3\cos^2 \delta)$$

$$+ \frac{4}{3} b\rho \cos \delta \int_0^{\frac{\pi}{2}} d\varphi \sqrt{1 - \sin^2 \delta \sin^2 \varphi},$$

$$Y = \frac{\pi}{2}\rho^2 \sin \delta \cos \delta \cos^4 \lambda_1 - \frac{2\pi}{3} b\rho \sin \delta \cos \delta \cos^3 \lambda_1$$

$$- \frac{\pi}{4}\rho^2 \sin \delta (1 + \cos \delta) + \frac{\pi}{3} b\rho \sin \delta \cos \delta$$

$$+ \frac{4}{9} b\rho \left(\frac{1 + \sin^2 \delta}{\sin \delta}\right)\int_0^{\frac{\pi}{2}} d\varphi \sqrt{1 - \sin^2 \delta \sin^2 \varphi}$$

$$- \frac{4}{9} b\rho \frac{\cos \delta}{\sin \delta}\int_0^{\frac{\pi}{2}} \frac{d\varphi}{\sqrt{1 - \sin^2 \delta \sin^2 \varphi}},$$

$$K = \frac{\pi}{4} b\rho^2 \sin \delta \cos \delta \left(\sin \lambda_1 \cos^3 \lambda_1 - \sin^3 \lambda_1 \cos \lambda_1 - \lambda_1\right)$$

$$+ \frac{2\pi}{3} b^2\rho \sin \delta \cos \delta \sin^3 \lambda_1 - \frac{1}{12} b\rho^2(3 + \sin^2 \delta)$$

$$+ \frac{2}{9} b^2\rho(2 + \cos^2 \delta) - \frac{2}{3} b^2\rho\delta \frac{\cos \delta}{\sin \delta}$$

$$+ \frac{1}{8} b\rho^2 \frac{\cos^2 \delta}{\sin \delta} \log\left(\frac{1 + \sin \delta}{1 - \sin \delta}\right)$$

$$+ \frac{1}{4} b\rho^2 \sin \delta \cos \delta \int_0^{\frac{\pi}{2}} d\varphi \, \text{arc tang}(\text{tang }\delta \cos \varphi);$$

tandis que pour toutes les valeurs de δ comprises entre λ_1 et $\dfrac{\pi}{2}$, on aura

$$X = \left(\frac{\pi - \varphi_1}{4}\right) \rho^2 \left[(1 + \cos \delta) \cos^4 \lambda_1 + 4 \cos^2 \delta \sin^2 \lambda_1 \cos^2 \lambda_1\right]$$

$$- \left(\frac{\pi - \varphi_1}{3}\right) b \rho \left[(1 + 3 \cos \delta)^2 \cos^3 \lambda_1 + 6 \cos^2 \delta \sin^2 \lambda_1 \cos \lambda_1\right]$$

$$- \frac{\pi}{8} \rho^2 (1 + \cos^2 \delta) + \frac{\pi}{6} b \rho (1 + 3 \cos^2 \delta)$$

$$- \frac{1}{2} \rho^2 \sin \delta \cos \delta \sin \varphi_1 \sin \lambda_1 \cos \lambda_1$$

$$+ \frac{4}{3} b \rho \sin \delta \cos \delta \sin \varphi_1 \sin \lambda_1$$

$$+ \frac{3}{4} \rho^2 \sin \delta \cos \delta \sin \varphi_1 \sin \lambda_1 \cos^2 \lambda_1$$

$$- b \rho \sin \delta \cos \delta \sin \varphi_1 \sin \lambda_1 \cos^2 \lambda_1$$

$$+ \frac{1}{2} \rho^2 \cos \delta \arccos \left(\frac{\sin \lambda_1}{\sin \delta}\right)$$

$$+ \frac{4}{3} b \rho \cos \delta \int_{\varphi_1}^{\frac{\pi}{2}} d\varphi \sqrt{1 - \sin^2 \delta \sin^2 \varphi},$$

$$Y = \left(\frac{\pi - \varphi_1}{2}\right) \rho^2 \sin \delta \cos \delta \cos^4 \lambda_1$$

$$- \frac{2(\pi - \varphi_1)}{3} b \rho \sin \delta \cos \delta \cos^3 \lambda_1 - \frac{\pi}{4} \rho^2 \sin \delta (1 + \cos \delta)$$

$$+ \frac{\pi}{3} b \rho \sin \delta \cos \delta + \frac{2}{9} b \rho (1 + \cos^2 \delta + 3 \sin^4 \delta) \sin \varphi_1 \sin \lambda_1$$

$$+ \frac{2}{3} b \rho \sin^2 \delta \cos \delta \sin \varphi_1 \sin \lambda_1 \cos \lambda_1$$

$$- \frac{1}{6} \rho^2 (1 + 2 \sin^2 \delta) \sin \varphi_1 \sin \lambda_1 \cos \lambda_1$$

$$-\frac{2}{9} b\rho (1 - 3\sin^2\delta) \sin\varphi_1 \sin\lambda_1 \cos^2\lambda_1$$

$$+\frac{1}{6} \rho^2 (1 - 3\sin^2\delta) \sin\varphi_1 \sin\lambda_1 \cos^3\lambda_1$$

$$+\frac{1}{2} \rho^2 \sin^2\delta \arccos\left(\frac{\sin\lambda_1}{\sin\delta}\right)$$

$$+\frac{4}{9} b\rho \left(\frac{1 + \sin^2\delta}{\sin\delta}\right) \int_{\varphi_1}^{\frac{\pi}{2}} d\varphi \sqrt{1 - \sin^2\delta \sin^2\varphi}$$

$$-\frac{4}{9} b^2\rho \frac{\cos^2\delta}{\sin\delta} \int_{\varphi_1}^{\frac{\pi}{2}} \frac{d\varphi}{\sqrt{1 - \sin^2\delta \sin^2\varphi}},$$

$$K = \left(\frac{\pi - \varphi_1}{4}\right) b\rho^2 \sin\delta\cos\delta (\sin\lambda_1 \cos^3\lambda_1$$

$$-\sin^3\lambda_1 \cos\lambda_1 - \lambda_1) + \frac{2(\pi - \varphi_1)}{3} b^2\rho \sin\delta\cos\delta\sin^3\lambda_1$$

$$-\frac{1}{12} b\rho^3 (3 + \sin^2\delta) + \frac{2}{9} b^3\rho (2 + \cos^2\delta)$$

$$-\frac{8}{9} b^2\rho \cos^2\delta \sin\varphi_1 \cos\lambda_1 + \frac{5}{12} b\rho^2 \cos^3\delta \sin\lambda_1 \cos^2\lambda_1$$

$$-\frac{2}{9} b^2\rho (2 - 3\cos^2\delta) \sin\varphi_1 \cos^3\lambda_1$$

$$+\frac{1}{6} b\rho^2 (2 - 3\cos^2\delta) \sin\varphi_1 \cos^4\lambda_1 - \frac{2}{3} b^3\rho\delta \frac{\cos\delta}{\sin\delta}$$

$$+\frac{2}{3} b^3\rho \frac{\cos\delta}{\sin\delta_1} \arccos\left(\frac{\cos\delta}{\cos\lambda_1}\right)$$

$$+\frac{1}{4} b \frac{\rho^2\cos^3\delta}{\sin\delta} \log\left(\frac{1 + \sin\delta}{\cos\lambda_1 + \sqrt{\cos^2\lambda_1 - \cos^2\delta}}\right)$$

$$+\frac{1}{4} b\rho^2 \sin\delta\cos\delta \int_{\varphi_1}^{\frac{\pi}{2}} \operatorname{arc\,tang}(\tan\delta\cos\varphi),$$

où l'on a

$$\sin \varphi_{,} = \cot \vartheta \, \tang \lambda_{,}.$$

Les valeurs de X et Y dépendent des fonctions elliptiques de la première et de la seconde espèce, dont Legendre a donné des tables; la valeur de K dépend de l'intégrale

$$\int d\varphi \, \text{arc tang} \, (\tang \vartheta \cos \varphi).$$

Cette intégrale peut se ramener à la transcendante logarithmique

$$\int \frac{dx}{x} \log (1 + x),$$

dont Spence, mathématicien anglais, a donné des tables.

Ce n'est point ici le lieu de nous occuper de cette intégrale, car cela nous conduirait trop loin.

Nous allons examiner les valeurs que prennent X, Y, K dans certains cas particuliers qui pourraient s'obtenir directement, sans passer par les formules générales.

Si l'on fait, dans les premières formules,

$$\vartheta = 0,$$

il vient

$$X = -\frac{1}{2}\varphi^{2}(1 + \sin^{4}\lambda_{,}) - \frac{2}{3} b \rho \cos \lambda_{,}(2 + \sin^{2}\lambda_{,})$$

$$Y = 0,$$

$$K = 0,$$

pour la résistance sur la surface mue dans la direction de l'axe.

Si l'on fait, dans les secondes formules,

$$\delta = \frac{\pi}{2},$$

il vient

$$X = -\frac{\pi}{8}\rho^2(1 - \cos^4\lambda_1) + \frac{\pi}{6}b\rho(1 - \cos^3\lambda_1),$$

$$Y = -\frac{1}{6}\rho^2(3\lambda_1 + 3\sin\lambda_1\cos\lambda_1 + 2\sin\lambda_1\cos^2\lambda_1)$$

$$+ \frac{4}{9}b\rho\sin\lambda_1(2 + \cos^2\lambda_1),$$

$$K = -\frac{1}{3}b\rho^2(1 - \cos^4\lambda_1) + \frac{4}{9}b^2\rho(1 - \cos^3\lambda_1),$$

pour la résistance sur la surface mue perpendiculairement à l'axe.

Si

$$b = 0$$

la surface de révolution est une sphère; dans ce cas, si l'on fait

$$\lambda_1 = \frac{\pi}{2},$$

les formules donnent

$$X = -\frac{\pi}{8}\rho^2(1 + \cos\delta),$$

$$Y = -\frac{\pi}{4}\rho^2\sin\delta(1 + \cos\delta),$$

$$K = 0,$$

pour la résistance sur un hémisphère.

Si en même temps

$$\vartheta = 0,$$

on obtient

$$X = -\frac{\pi}{2}\rho^2,$$

$$Y = 0,$$

$$K = 0,$$

pour la résistance éprouvée par un hémisphère mû dans la direction de l'axe.

Tandis que si

$$\vartheta = \frac{\pi}{2},$$

il en résulte

$$X = -\frac{\pi}{8}\rho^2,$$

$$Y = -\frac{\pi}{4}\rho^2,$$

pour la résistance sur un hémisphère dont l'axe serait perpendiculaire à la direction du mouvement.

On ne peut disconvenir que les formules qui représentent la résistance dans le cas général ne soient un peu longues. D'ailleurs elles reposent sur une hypothèse physique qui n'est pas entièrement conforme à la nature; de sorte que, pour les faire accorder avec l'observation, il faudrait certainement les multiplier par des coefficients numériques convenables.

Il est grandement à désirer qu'on fasse des expériences directes sur la résistance qu'éprouvent les nouveaux projectiles oblongs, sous diverses inclinaisons par rapport à la direction du mouvement.

L'appareil à employer pour ces recherches, qui se présente tout d'abord à l'esprit, serait l'appareil de rotation de Borda.

Peut-être trouverait-on qu'il n'y a pas un grand avantage à employer pour les projectiles oblongs des proues d'une grande acuité, et qu'on pourrait remplacer la forme ogivale par la forme hémisphérique, sans augmenter sensiblement la résistance; car, d'après des expériences connues, il résulte qu'un cylindre surmonté d'un hémisphère, présente la même résistance que s'il était terminé par un cône dont la hauteur serait égale à $2\frac{1}{4}$ fois le rayon. Suivant la théorie ordinaire, la hauteur du cône ne devrait être qu'égale au rayon.

En cas que cette substitution pût se faire sans désavantage, les formules à employer pour déterminer la résistance seraient simplement, comme nous avons vu,

$$X = -\frac{\pi}{8}\, r^2 (1 + \cos \theta)^2,$$

$$Y = -\frac{\pi}{8}\, r^2 \sin \theta\, (1 + \cos \theta).$$

Si la forme hémisphérique de la proue n'atténuait

pas assez la résistance de l'air, on pourrait encore es-
sayer la proue formée par un demi-ellipsoïde de révolution allongé. La résistance oblique sur cette surface
s'exprime par des formules bien plus simples que
celles qui conviennent à la forme ogivale, générale
ment employée aujourd'hui.

PAUL DE SAINT-ROBERT.

Paris. — Imp. de E. Donnaud, rue Cassette, 9.

TABLE DES MATIÈRES.

HISTOIRE

DES EXPLOITS ET DES VICISSITUDES

DE LA

CAVALERIE PRUSSIENNE

DANS LES CAMPAGNES DE FRÉDÉRIC II,

Par le Baron DE CANITZ.

TRADUITE DE L'ALLEMAND.

REVUE, ACCOMPAGNÉE D'OBSERVATIONS PAR UN OFFICIER DE CAVALERIE.

PARIS,

LIBRAIRIE MILITAIRE, MARITIME ET POLYTECHNIQUE
DE J. CORRÉARD,

LIBRAIRE-ÉDITEUR ET LIBRAIRE-COMMISSIONNAIRE,
Rue Christine, n° 1.

1849.

Paris. — Imp. de E. Donnaud, rue Cassette, 9.